Regina Lehrkind

Nuri Ortak

Heimat ankern

© 2019 Regina Lehrkind und Nuri Ortak

Die Rechte der Texte liegen ausschließlich bei den Autoren. Die Verwertung der Texte, auch auszugsweise, ist ohne schriftliche Zustimmung der Autoren urheberrechtswidrig. Das gilt auch für Vervielfältigungen, Mikroverfilmungen und für die Verarbeitung mit elektronischen Systemen.
Die Rechte des Titelbildes liegen bei Regina Lehrkind.

Herstellung und Verlag:
BoD - Books on Demand, Norderstedt

ISBN: 9783732289943

Für Michael

Inhaltsverzeichnis

Heimat ankern

Heimat – Regina Lehrkind	7
Heimat ankern – Regina Lehrkind	10
EinRaumWohnung – Regina Lehrkind	14
Ein Blick zurück – Regina Lehrkind	16
Im Wind – Regina Lehrkind	17
Abseits – Regina Lehrkind	18
Unzählige Male – Regina Lehrkind	20
Tagein, tagaus – Nuri Ortak	22
Das Warten – Nuri Ortak	23
Szenen – Nuri Ortak	25
Papier – Nuri Ortak	29

Heimat
- Regina Lehrkind -

Heimat
  verlassen
im Takt der Sekunden
  Wurzeln gekappt
nicht ganz dem Boden entrissen
  beschwert von Tränensalz

Beginn einer Wanderung
  - einer scheinbar endlosen Reise -
viele Zwischenstationen
  Ankommen scheint unmöglich
auf einem Weg ohne Sohlen
  steinig und erschwert
im gelähmten Sein

Muttersprache wird Zweitsprache
   Zweitsprache wird Muttersprache
im Nichtverstehen
   das Verstehen
eine Suche
   Lebensschwere

Grashalmen
   die Windrichtung ansehen
Hoffnung schöpfen
   in jedem Tagesbeginn
Anker werfen
   in einer neuen Heimat
Schritt für Schritt

Vorbei Momente
   von Sprachlosigkeit

Vorbei Turbulenzen
   von Flucht
Angekommen in Zufriedenheit

Über allem liegt ein Hauch von
Vergangenem
Lebendig bleibt die Erinnerung

Heimat ankern
- Regina Lehrkind -

Den Koffer hielt er mit seiner kleinen Hand fest umklammert. Dort war sein ganzes Leben drin, sein letztes Hab und Gut. Die andere Hand lag geborgen in der Hand der Mutter, die ihn sicher hielt. Gestern hatte er noch auf der Straße gespielt, gelacht und gejuchzt, unbeschwert und frei. Nun standen sie auf der Straße vor dem alten Haus und blickten noch einmal unter einem Tränenschleier zurück. Ein Abschied, in dem ein Neubeginn lag - die Hoffnung auf ein besseres Leben. Für Mutter und Sohn begann eine Reise - die Flucht. Vorbei die Unbeschwertheit jener Kindertage - dem Gestern. Mit jedem Schritt tastete die Ungewissheit in das kleine Kinderherz. Wieder und wieder bemerkte er die bangen Blicke der Mutter, die sich auf den Horizont fixierten. In dunklen Nächten schmiegte er sich sehnsuchtswehmütig an den braunen Teddybären. Beruhigend war der Duft der alten Heimat, den das Fell mit sich trug, wenn er leise vor sich hin weinte. Steinig war der Weg, den sie nun beschritten. Ein Weg, der trotz des Glaubens keine Berge versetzte und Steine aus dem Weg räumte. Er begegnete vielen Menschen, die er nicht verstand. Die fremden Sprachen auf dem Weg machten ihn sprachlos. Mehrfach ging der Vater diesen Weg voraus, um das Wohl der Familie zu sichern und um endlich ein angenehmes Leben führen zu können. Die alte Last lag bereits hinter ihnen. Dennoch fand sich kein Boden, wo neue Wurzeln versinken und die kleine Familie ankommen konnte.

Mehr als ein Jahrzehnt dauerte die Reise auf Füßen, die kaum mehr in der Lage waren, die Last zu tragen. Die stärker sein mussten als normale Füße. Die Kinderlähmung hatte ihm die Freiheit des Normalseins ein Stück weit genommen. Das Anders sein forderte ihn ständig heraus. Er wollte besser sein als die anderen und mit Leistung und Zuverlässigkeit überzeugen. Durch die Sprachbarrieren war ihm dies während der Schulzeit in fremden Ländern kaum gelungen. Hier gehörte er zu den Außenseitern. Eine schulische Förderung und Unterstützung, wie sie heute den Kindern zuteil wird, wurde einem fremden und dazu noch gehbehinderten Kind damals nicht möglich. Wie traurig und bedrückend diese Welt gewesen sein muss, wenn man ständig das Leben aus einer Ecke heraus betrachten muss. In der neuen Heimat fand sich eine Lehrstelle. Von den Kollegen wurde er anerkannt und akzeptiert. Das Gefühl des Ankommens stellte sich allmählich ein und auch der Stolz, es geschafft zu haben. Nach zahlreichen Notunterkünften in Kasernen oder Einraumwohnungen bekam die Familie eine Neubauwohnung zugewiesen. Es war geschafft.

Kurz darauf heiratet er eine junge Frau. Sie werden Eltern eines Sohnes. Seine Arbeitgeber sind ihm zugetan, unterstützen ihn bei der Wohnungssuche. Er hat sich seine Arbeitsstellen selbst gesucht und war nie arbeitslos.

Er sitzt vor uns und erzählt seine Geschichte. Von dem heißen Sommer, als es ihm übel und zu spät erkannt wurde, dass er Kinderlähmung bekommen hatte. Von den 600 Spritzen, die ihm injiziert wurden, die aber das Krankheitsbild nicht veränderten.

52 glückliche Jahre durfte er gemeinsam mit seiner Frau erleben. Sie hat den gemeinsamen Sohn groß gezogen, während er den Lebensunterhalt für die Familie verdiente. Sie hatten eine tolle Beziehung und eine Träne glänzt in seinen Augen. 24 Jahre hat er für seinen letzten Arbeitgeber an der Pforte in einem Krankenhaus gearbeitet. Eine verantwortungsvolle Tätigkeit, bei der schnelles Handeln und Teamgeist gefragt war. Er hatte sich Respekt und Wertschätzung der Kollegen, der Feuerwehr, der Rettungssanitäter, erarbeitet. Stolz zeigt er das Geschenk, welches er von einem Arzt bei seiner Abschiedsfeier in den Rentenalltag geschenkt bekam. Heute sitzt er im Rollstuhl, weil er sich sein gesundes Bein beim Mülleimerrausbringen, gebrochen hat. Davon lässt er sich nicht unterkriegen. Das MehrgenerationenCafé ist eine wichtige Anlaufstelle für ihn geworden. Mit Gleichgesinnten spielt er leidenschaftlich gerne Rummikub und ist hier ein gern gesehener Gast. Er hat nie den Mut verloren, seinen Weg zu gehen und hat seinen Platz gefunden.

EinRaumWohnung
- Regina Lehrkind -

EinRaumWohnung

dünnste Wände

jede Regung

jedes Atmen

Nichts bleibt verborgen

Zuflucht

ohne Ankommen

Schritte ungezählt

was bleibt ist

schweres Gepäck

Privatsphäre

fernab von

Sperrholzwänden

unter Schritten

gelebt

Wünsche

in den Wind

gelegt

verankert der Glaube

an Freiheit

Ein Blick zurück
- Regina Lehrkind -

Ein Blick zurück
brennt sich ein
bleibt unvergessen
zieht tiefe Narben
unter der Haut

der Duft des Momentes
getränkt mit Schwermut
Schweigen
prallt
gegen das Trommelfell
der Wind
streift mit kalter Hand
das Gesicht

verschluckt die Zeit

Ein Schmetterling
tanzt den Blues

Im Wind
- Regina Lehrkind -

Golden
wiegt sich das Korn im Wind
im hügeligen Landschaftsbett
ungeahnt
der Reichtum der Region
der Heimat

Gedanken kreisen
nichts ist normal
erscheint irrational
vorbei die guten Tage
alles voller Fragen
schwarze Tage
ohne ein Jetzt

Zermürbt
knirscht Staub
unter Sohlen

Abseits
- Regina Lehrkind -

Buchstaben
formen fremde Laute
bauen Barrieren
Nichtverstehen

Abgeschoben
in die letzte Reihe
ohne Ansprache
Nichtverstehen

Kinder
einander Hände reichen
ohne Worte
Nichtverstehen

Durchatmen
Mut fassen
auf ein Neues
Nichtverstehen

Abseits
in der stillen Ecke
begreifend
Nichtverstehen

Unzählige Male
- Regina Lehrkind -

Der Vater
ging voraus
unzählige Male
um einen staubigen Weg
zu ebnen
unzählige Male
mit dem Blick nach vorn
um zu finden
einen Platz
wo die Wurzeln
endlich Ankern konnten

Die Mutter
blieb zurück
unzählige Male
bevor sie dem Weg
folgte
unzählige Male
hielt sie sicher
Hab und Gut und

Kinderhände
unzählige Male
Um endlich in Heimat
zu ankern

Tagein, tagaus....
- Nuri Ortak -

Tagein, tagaus saß er an der Pforte.

Viele, all die Jahre.

Sah die Menschen, begraben in den Liegen, hastig eingeliefert. Transportgüter mit fahlen Gesichtern, bangen Gesichtern, müden Gesichtern.

Viele Jahre, all die Jahre.

Sah die Geheilten das Gebäude verlassen mit hoffnungsfrohen Gesichtern, dankbaren Gesichtern, tatendurstigen Gesichtern. So saß er da.

Viele Jahre, all die Jahre.

Zuverlässig. Geschätzt. 24 Jahre, einen Monat, 10 Tage lang. Und zum Abschied das Geschenk vom Chefarzt persönlich. Das Hospital blieb dasselbe und doch anders.

Das Warten
- Nuri Ortak -

Das Warten auf den neuen Tag

Ohne Ahnung, was er bringen mag

Das Herz pocht

Wenn der Briefschlitz klappert

Kommt das Schreiben

Mit dem Siegel

Das Entscheidt über den Weg

In das Land

Da das Gras früher scheinen möchte

Gab es böse Blicke

Damals

Die den neu Angekommenen galten

Den Fremden

Aus dem Lager

Die die Rebellion in einem fremden Land

Wie Treibgut an diese Gestade gespült

Szenen
- Nuri Ortak -

Die Ungarländischen
War es Hunger
War es die Missernte
War es ein hartleibiger Landesfürst
Der Aufbruch nach Osten
Sie siedelten sich an
Donauschwaben genannt
Machten das weite Land urbar
Säten, ernteten
Die Jahrhunderte im Wechselspiel der
Jahreszeiten

Spielball
Ein einfacher Mann
Hin- und hergeworfen
In den Weltkriegswirren

Beide Seiten zerren
Kampf für die Einen
Kampf für die Anderen
Der Spielball muss dereinst zur Ruhe kommen

Metall
Hart, unerbittlich der Stoff
Verweigert sich der schwieligen Hand
Der Schleifer zwingt ihm seinen Willen auf
Um die Welt zu gestalten
Als dies noch möglich schien

1. April
Als die Frage an sie gerichtet
Antworteten beide mit Ja
Und es war kein Scherz
An jenem 1. April
Der 52 Jahre währte

Neubau
Der Tag, da er die Wohnung bezog
Sein eigenes Wirtschaftswunder
Neubau
Dreieinhalb Zimmer
Nach den Jahren
Der Holzbaracken
Den Notunterkünften
Mit den windschiefen Presswänden
Es ging aufwärts
In der neuen Heimat
Wo die Bäuche rund um die Nierentische wuchsen
Und Bella Italia des Sommers lockte

Holz
Die Faserung
Die Maserung
Geschickte Hände
Drehen
Leimen

Sägen
Drechseln
Einst Materie
Nun Form
Ein netter Zeitvertreib
Ein nettes Hobby, das
Oder mehr

Papier
- Nuri Ortak -

Papier
was da einbricht
auf dünnem Eis
die Konjunktur
es schlägt die Stunde der Schinder
wem seine Arbeit lieb
dem ist sie teuer
die stundenlangen Fahrten
über gleichgültige Straßen
die körperliche Arbeit
trotz Handicaps
die Sklaverei ist abgeschafft
keine Leibeigene mehr
auf dem Papier der sozialen Marktwirtschaft
geduldig, wie es ist

Danksagung

Wir danken Hannah, die uns einlud, im Mehrgenerationencafé zu lesen. Ohne Dich hätte es die Begegnung mit Michael nicht gegeben, der uns seine Geschichte erzählte.

Danke, Michael für diese kostbaren Momente!

Durch Euch entstand ein wunderbares Projekt!

Regina V. Lehrkind

Geboren 1969 in Trepuzzi / Italien, schreibt seit 1986 Lyrik. Sie kreiert mit Worten Bilder und lässt diese sprechen. Erfahrungen festhalten, Unausgesprochenes sprechbar machen, den normalen Alltag verändern, alles in ein neues Licht bringen, Leben mit Wortkleidern schmücken.
Sie ist Mitglied der Autorinneninnung e.V. und seit 2018 der Autorengruppe LITERA.

Nuri Ortak

Geboren 1971 in Hagen, schreibt seit fast 25 Jahren Texte aller Art. Er ist besonders an den Höhen und Tiefen der deutschen Sprache interessiert und hofft, dass dies auf Gegenseitigkeit beruht.

Literatur sollte nutzen und erfreuen – keine ganz neue, aber eine gültige Erkenntnis.